Freunde

Das sind wir!

Freundinnen

Olivia und Franziska

Inhalt

Carla und Tom

Otto und Rufus

Freunde

Das sind wir!

Freunde fürs Leben

Isabel und Jojo

Text: Felicity Brooks

Illustrationen: Mar Ferrero

Gestaltung: Frankie Allen

Was ist Freundschaft?

Es kann schön sein, alleine Zeit zu verbringen. Man kann das spielen, worauf man Lust hat, und man muss seine Spielsachen nicht mit anderen teilen … oder seine Süßigkeiten.

Aber manche Dinge sind alleine langweilig. Dann ist es toll, Freundinnen und Freunde zu haben.

Wer befreundet ist, TEILT viele Dinge, zum Beispiel …

Spielsachen …

schöne Momente …

Knabbereien …

Gefühle …

und auch Geheimnisse.

Freundinnen und Freunde mögen oft dieselben Dinge.

Sie freuen sich, wenn sie sich treffen.

Sie helfen sich und hören einander zu.

Sie sagen sich nette Dinge.

Sie bringen sich gegen-seitig zum Lachen.

Und sie mögen sich so, wie sie sind.

Vor allem machen Freundinnen und Freunde uns glücklich. Alle Kinder können mit dir befreundet sein, wenn sie nett zu dir sind und mit dir spielen möchten.

Warum brauchen wir Freundinnen und Freunde?

Vor langer Zeit waren Freundschaften hilfreich bei der Nahrungssuche.

Befreundete Menschen halfen dabei, Gefahren zu erkennen.

Freundinnen und Freunde helfen uns auch jetzt:

Und sie sorgen sich um uns:

Gute Freundinnen und Freunde tun aber noch viel mehr. Sie helfen uns dabei, Dinge zu lernen und dank ihnen fühlen wir uns wohl so wie wir sind.

Mit ihnen lernen wir, wie man ZUSAMMENARBEITET.

Mit ihnen lernen wir, zu TEILEN und ABZUWECHSELN.

Mit ihnen lernen wir, über die GEFÜHLE von anderen NACHZUDENKEN.

Mit ihnen lernen wir, anderen zu VERZEIHEN, wenn sie Fehler gemacht haben.

Mit ihnen lernen wir, NETT zueinander zu sein.

Mit ihnen lernen wir, FRIEDLICH zusammen zu SPIELEN.

Freunde HEITERN sich gegenseitig AUF.

Dank ihnen ist uns NIE langweilig.

Durch sie ENTDECKEN wir neue Dinge.

Sie UNTERSTÜTZEN uns, wenn wir vor einer schwierigen Aufgabe stehen.

Fallen dir noch andere Gründe dafür ein, warum es gut ist, Freundinnen und Freunde zu haben? Schreibe deine eigene Liste und zeichne Bilder dazu.

Wie verhalten sich gute Freunde?

Perfekte Freundschaften gibt es nicht, aber wenn ihr euch meistens so verhaltet wie diese Kinder, dann seid ihr gute Freundinnen und Freunde.

Ihr einigt euch, was ihr spielen wollt.

Ihr wechselt euch ab.

Ihr stellt Fragen und hört den Antworten zu.

Ihr sagt nette Dinge zueinander.

Ihr helft euch bei Problemen.

Ihr tröstet euch,
wenn ihr traurig seid.

Ihr kümmert euch
umeinander und
seid freundlich.

Ihr verteidigt euch, wenn eine
andere Person gemein ist.

Ihr vertragt euch nach
einem Streit wieder.

Ihr freut euch,
wenn ihr euch seht.

Ihr teilt miteinander.

Wie verhalten sich deiner Meinung nach gute Freunde? Hast du einen guten Freund oder eine gute Freundin? Kannst du drei nette Dinge über ihn oder sie sagen?

Wer kann befreundet sein?

Alle Menschen können miteinander befreundet sein. Freunde können ...

sehr jung

sehr alt

und alles dazwischen sein.

Sie können ...

groß klein

erwachsen jung

laut leise

lustig ernst

fleißig

entspannt

oder sportlich sein.

Manche mögen knallige Farben, andere bevorzugen dunkle.

Manche mögen Tiere und andere nicht.

Manche interessieren sich sehr für Dinosaurier.

Manche finden sie langweilig …

und manche wären gern selbst einer.

Freundinnen können gleich alt …

unterschiedlich alt …

und ganz weit weg sein.

Hast du Großeltern oder kennst du ältere Leute? Frage sie nach ihren Freundschaften. Seit wann sind sie befreundet? Wie haben sie sich kennengelernt?

Freundschaften schließen

Wie findet man neue Freundinnen und Freunde? Oft traut man sich nicht, andere anzusprechen, aber es hilft, wenn man dabei freundlich und offen wirkt.

Welcher Junge sieht freundlicher aus?

Es ist gut, das andere Kind anzuschauen, anzulächeln und Hallo zu sagen (und mit dem Namen anzusprechen, wenn du ihn weißt).

Du kannst dich vorstellen.

Dann kannst du etwas über dich erzählen.

Du kannst dem anderen Kind eine Frage stellen.

Du kannst fragen, ob du mitspielen darfst …

oder deine Hilfe anbieten.

Oder frage, wie sich das andere Kind fühlt.

Du kannst etwas Freundliches sagen.

Du kannst etwas Nettes tun.

Du kannst fragen, ob das andere Kind mit dir spielen möchte.

Wenn man sich gegenseitig Fragen stellt, kann man viel übereinander herausfinden.

Viele Kinder sind schüchtern, wenn sie andere zum ersten Mal treffen. Es ist einfacher, neue Freundschaften zu schließen, wenn man weiß, worüber man sprechen kann.

Zeit miteinander verbringen

Mit einer Freundin, einem Freund oder einer Gruppe von Freunden könnt ihr viele verschiedene Dinge unternehmen.

Ladet befreundete Kinder nach Hause ein und stellt sie eurer Familie vor.

Erfindet ein Spiel oder einen Tanz.

Sät Samen in Töpfe aus.

Helft euch gegenseitig, wenn es Probleme gibt.

Springt zusammen auf einem Trampolin.

Kümmert euch um eure Haustiere.

Lest zusammen ein Buch.

Spielt zusammen Theater.

Baut etwas.

Bastelt Geburtstags-karten für andere.

Spielt ein Brettspiel.

Schaut euch einen Film an.

Eine Freundin oder ein Freund ist eine Person, mit der du gern Zeit verbringst und die auch gern mit dir Zeit verbringt. Ihr seid die meiste Zeit glücklich, wenn ihr zusammen seid.

Freundeskreise

Man kann mehrere gute Freundschaften haben und mehreren Freundeskreisen angehören. Du hast vielleicht Schulfreunde, Freundinnen in der Nachbarschaft, Familienfreunde und Freundinnen, mit denen du ein Hobby ausübst.

„Das sind meine Cousins, mit denen ich am Wochenende Rad fahre."

„Wir sind alle in derselben Schulklasse."

„Wir sind alle in der Kunst-AG."

„Unsere Mütter sind befreundet, und wir auch."

„Wir spielen zusammen Fußball."

Man muss nicht jeden Tag mit derselben Person oder derselben Gruppe spielen. Es gibt viele gute Gründe, verschiedenen Freundeskreisen anzugehören.

Wenn eine Freundin oder ein Freund keine Zeit hat, gibt es andere, mit denen man spielen kann.

Man lernt verschiedene Spiele kennen.

Man kann ein Team bilden und gegen ein anderes spielen.

Wenn ihr eine Dreiergruppe seid, kann es vorkommen, dass sich eine Person ausgeschlossen fühlt oder die anderen zwei streiten. Du könntest ein viertes Kind fragen, ob es mit euch spielen will, vielleicht klappt es dann besser.

Wie sich Freunde NICHT verhalten

Wenn Kinder, mit denen du gut befreundet bist, gemein zu dir sind, kann dich das traurig machen. Hier zeigen wir dir, wie sich Freundinnen oder Freunde NICHT verhalten würden.

Sie hören dir nicht richtig zu und unterbrechen dich die ganze Zeit.

Sie ärgern dich, machen sich über dich lustig oder beschimpfen dich.

Sie geben an oder lügen.

Sie geben dir die Schuld, auch wenn du keine Schuld hast.

Sie geben dir ständig Befehle und sagen nicht „bitte" oder „danke".

Sie sagen gemeine Dinge über dich zu anderen Kindern ...

Sie wollen nicht teilen.

... oder stimmen anderen Kindern zu, die gemeine Dinge sagen.

Sie sind beim Spielen grob, schreien dich an und tun dir weh.

Wenn du denkst, dass du dich manchmal so verhältst, dann überlege dir, wie du netter zu deinen Freundinnen und Freunden sein kannst.

Wenn Freundinnen und Freunde streiten

Auch Menschen, die gut befreundet sind, streiten manchmal. Sie sind nicht immer einer Meinung oder gehen sich auf die Nerven und wollen sich dann eine Weile nicht mehr sehen. Das fühlt sich nicht gut an, aber es bedeutet nicht, dass ihre Freundschaft beendet ist.

Manchmal streiten sich Kinder, weil sie nicht einer Meinung sind.

Manchmal streiten sich Kinder, weil eines von ihnen nicht versteht, wie sich das andere fühlt.

Lieber nicht. Mir wird davon immer ...

Aron

Komm, wir drehen uns noch mal ganz, ganz SCHNELL im Kreis!

Armin

Du willst NIE lustige Sachen machen!

Dann frag ich halt Oskar.

Aber ... aber ... Heul, heul schluchz!

Deshalb ist es immer eine gute Idee, mit deinen Freundinnen und Freunden über eure Gefühle zu SPRECHEN. Hier zeigen wir, was Armin sagen könnte, um herauszufinden, wie Aron sich fühlt.

Armin

Du siehst ein bisschen merkwürdig aus! Geht es dir gut?

Aron

Ich mag das Spiel, aber mir wird dabei immer schlecht.

Armin

Ach so, tut mir leid. Soll ich deine Mama rufen?

Armin bemerkt, dass Aron sich nicht gut fühlt. Er erkundigt sich, wie es ihm geht und bietet seine Hilfe an. Armin und Aron streiten sich nicht und Aron muss nicht traurig sein.

Freundschaften und Gefühle

Wenn du mit deinen Freundinnen und Freunden über deine Gefühle sprichst, kannst du Streit vermeiden. Wie fühlen sich diese Kinder? Verbinde die Wörter mit den Bildern.

traurig	glücklich	kalt	ängstlich	wütend
krank	schüchtern	erfreut	heiß	müde

Du kannst mit den folgenden Fragen herausfinden, wie sich andere fühlen.

Wenn ein anderes Kind deine Gefühle verletzt oder dich ärgert, könnest du es als Erstes höflich bitten, das sein zu lassen. Vergiss nicht, „bitte" zu sagen. Dann erkläre, wie du dich fühlst. Beginne mit „Ich".

„Hör bitte auf, mich so zu nennen. Ich finde das nicht lustig."

„Bitte ignoriert mich nicht. Ich würde gerne mitspielen."

„Hör bitte auf, zu drängeln. Ich finde das ziemlich nervig."

„Bitte sei leise! Ich möchte der Geschichte zuhören."

Kannst du dich an eine Situation erinnern, in der jemand deine Gefühle verletzt oder dich geärgert hat? Was würdest du sagen, wenn es wieder passieren würde?

Faires Verhalten

Es ist am besten, sich gar nicht erst zu streiten. Streit lässt sich vermeiden, wenn man sich beim Spielen fair verhält. Hier sind einige Vorschläge.

Stimme zu, wenn alle anderen einem Vorschlag zustimmen, auch wenn es nicht dein Lieblingsspiel ist.

Teilt alles fair und wechselt euch ab.

Sorgt dafür, dass alle die Spielregeln kennen, bevor ihr beginnt.

Ändert die Regeln, wenn das Spiel nicht so gut funktioniert.

Wenn du nicht gewinnst, schummle NICHT und störe auch nicht das Spiel.

Wenn ein Kind manchmal mit anderen spielen möchte, bedeutet das nicht, dass ihr nicht mehr befreundet seid. Auch die besten Freundinnen und Freunde müssen nicht ständig zusammenspielen.

Um ganz gerecht zu entscheiden, wer als Nächstes dran ist, wer beginnt oder ausscheidet, kann man einen Reim benutzen.

Du kannst auch würfeln ...

eine Münze werfen ...

... oder ein Hölzchen ziehen.

Wenn du anderer Meinung bist als deine Freundin oder dein Freund, ist das nicht schlimm. Ihr seid immer noch befreundet.

Es ist wichtig, eine eigene Meinung zu haben.

Sich vertragen

Was kannst du unternehmen, damit du dich mit deinem Freund oder deiner Freundin nach einem Streit wieder verträgst?

Geht euch eine Zeit lang aus dem Weg, damit ihr euch beruhigen könnt. Wenn du dich bereit fühlst, gehe freundlich auf die andere Person zu. Wenn du einen Fehler gemacht hast, ENTSCHULDIGE dich.

TIPPS FÜR EINE ENTSCHULDIGUNG

1. Sage klar und deutlich, wofür du dich entschuldigst.
2. Zeige, dass du es ernst meinst.
3. Mache keine Witze dabei und sei nicht motzig.
4. Schlage vor, wie ihr die Situation verbessern könnt.

Wenn eine Freundin einen Fehler gemacht hat und sich dafür entschuldigt, VERZEIHE ihr.

Wenn dich jemand ständig ärgert, dann schreie, schlage oder tritt nicht.

Gehe lieber ein Stück weg und atme tief ein.

Zähle in deinem Kopf langsam bis 10 und atme dabei durch den Mund aus.

Du könntest für eine Weile mit anderen spielen und abwarten, ob das Kind versucht, die Situation zwischen euch zu klären.

Denke immer daran, dass ein Kind, das …

- die ganze Zeit gemein zu dir ist
- deine Gefühle oft verletzt
- mit Absicht unfreundlich ist
- fiese Dinge über dich zu anderen Kindern sagt
- sich mit anderen zusammentut, die nicht nett sind
- dich verletzt, schlägt, tritt, beißt oder schubst
- sich über dich lustig macht oder dich beschimpft
- dich bei allem immer ausschließt
- deine Sachen nimmt, kaputt macht oder versteckt

… NICHT dein Freund oder deine Freundin ist. Sag einem Erwachsenen (einer Lehrerin, einem Elternteil oder einem Betreuer), was los ist.

Manche Menschen verstehen sich nicht gut, und das ist okay. Wenn es immer wieder Streit gibt, ist es besser, auf die Freundschaft zu verzichten.

Freundschaften verändern sich

In jeder Freundschaft gibt es Höhen und Tiefen. Wenn man älter wird und sich verändert, können sich Freundschaften auf verschiedenste Weise entwickeln. Freundinnen und Freunde können ...

voneinander wegziehen ...

sich auseinanderleben ...

oder befreundet bleiben.

Es kann traurig sein, wenn eine Freundschaft endet, aber dadurch entsteht auch die Möglichkeit, dass sich neue Freundschaften bilden, die vielleicht dann ein Leben lang halten.

Denk daran, dass nicht alle Kinder deine Freunde sein müssen und nicht jeder dich mögen muss. Du brauchst nicht viele Freundschaften, um glücklich zu sein.

Man kann im Leben die verschiedensten Freundinnen und Freunde haben. Auch mit Erwachsenen, die man gut kennt, kann man befreundet sein.

„Opa und ich am Meer!"

„Das sind meine Tante Emma und ich auf einem Boot."

„Meine Tagesmutter Claudia und ich im Zoo."

Es müssen auch nicht unbedingt Menschen sein!

Manche Kinder stellen sich eine Freundin vor, die andere nicht sehen können.

Manche Menschen sagen, dass ihr Haustier ihr bester Freund ist.

Viele Kinder finden, dass sie mit ihren Kuscheltieren befreundet sind ...

oder mit ihren Schmusedecken ...

oder sogar mit ihrem Staubsauger!

Freundschaftsquiz

Kannst du dich daran erinnern, wie sich eine gute Freundin oder ein guter Freund verhalten sollte? Wähle das passende Verhalten für diese Situationen.

Mia hat lange mit einer Puppe gespielt. Nun möchte Hanna mit ihr spielen. Was sollte Hanna tun?

- Die Puppe an sich reißen
- Fragen: „Kann ich mal mit der Puppe spielen?"
- Weinen

Jana hat einen hohen Turm gebaut, Anja wirft ihn aus Versehen um. Was sollte Anja tun?

- Schimpfen: „Es war sowieso ein doofer Turm."
- Lachen
- „Tut mir leid" sagen und Jana helfen, ihn wieder aufzubauen

Sascha möchte sich mit einem neuen Jungen anfreunden. Was sollte er sagen?

- „Mir gefällt deine Jacke nicht."
- „Hallo, ich heiße Sascha, wie heißt du?"
- „Ich bin der beste Fußballspieler der Welt!"

Yasmin sieht traurig aus. Was sollte ihre Freundin Tanja tun?

- Yasmin schubsen
- Mit einem anderen Mädchen spielen
- Fragen: „Was ist denn los?"

Leon hat seinen Stift verloren und bittet Ivan, ihm beim Suchen zu helfen. Was sollte Ivan sagen?

- „Immer verlierst du Doofkopf deine Sachen!"
- „Geh weg, ich bin beschäftigt."
- „Ich helf dir beim Suchen!"

Anmerkungen für Erwachsene

Freundschaften können einen sehr großen Einfluss auf das körperliche und seelische Wohlbefinden von Kindern haben. Durch Freundschaften lernen Kinder, ihr Selbstwertgefühl aufzubauen, ihre Identität außerhalb der Familie zu finden und grundlegende Lebenskompetenzen zu entwickeln. Freundinnen und Freunde spielen außerdem eine große Rolle bei der Stärkung der mentalen Belastbarkeit und helfen zu lernen, wie man mit Enttäuschungen umgeht und Probleme bewältigt. Am wichtigsten ist jedoch, dass Kinder in Freundschaften lernen, Empathie zu entwickeln (die Fähigkeit, die Gefühle anderer zu verstehen) und sie dadurch nicht nur an sich selbst denken, sondern auch an die Bedürfnisse anderer.

Dieses Buch soll Kindern dabei helfen, über Freundschaften nachzudenken und über sie zu sprechen. Dabei können sie Fähigkeiten entwickeln, die erforderlich sind, um gute Freundschaften zu schließen und aufrechtzuerhalten. Diese Fähigkeiten sind unter anderem:

sich abwechseln
teilen
freundlich sein
höflich sein
kommunizieren

Kompromisse eingehen
verhandeln
Probleme lösen
Gefühle anderer erkennen
Bedürfnisse anderer berücksichtigen

Konflikte lösen
kooperieren
überzeugen
verzeihen
Mitgefühl haben

Wie alle Fähigkeiten müssen auch diese immer wieder geübt werden.
Erwachsene können ihre Kinder dabei auf verschiedenste Weise unterstützen:

- Wenn Ihr Kind schüchtern ist und es schwierig findet, auf andere zuzugehen, können Sie sich gemeinsam Seite 12 anschauen. Hier lernt Ihr Kind, dass es beim Kennenlernen hilfreich ist, zu lächeln, dem Gegenüber in die Augen zu sehen, „Hallo" und den Namen des anderen Kindes zu sagen.

- Sprechen Sie mit Ihrem Kind darüber, was in einer Freundschaft wichtig ist: sich begrüßen, Komplimente machen, sich für gleiche Dinge interessieren, Spielzeug teilen, nett und höflich sein usw.

- Erklären Sie Ihrem Kind, dass bestimmte Verhaltensweisen auf andere Kinder abweisend wirken, zum Beispiel, wenn man verschlossen ist, Spiele unterbricht, streitet, dominant oder aggressiv ist, Stopp-Signale ignoriert, angibt, lügt, ein schlechter Verlierer ist (streitet, schummelt).

- Motivieren Sie Ihr Kind, an Aktivitäten teilzunehmen, bei denen es sich mit Kindern, die dieselben Interessen haben, anfreunden kann. Ziehen Sie jedoch den Charakter Ihres Kindes in Betracht: Manche Kinder brauchen viele Freundinnen und Freunde, andere wiederum sind auch mit wenigen glücklich.

- Erzählen Sie Ihrem Kind von Ihren eigenen Freundschaften und denen von anderen Familienmitgliedern: Wer ist Omas Freundin? Hat Papa viele Freunde?

- Laden Sie die Freundinnen und Freunde Ihres Kindes zu sich nach Hause ein, wenn dies möglich ist. Besprechen Sie im Voraus, was sie machen oder spielen könnten.

- Erklären Sie, dass sich Gäste wie zu Hause fühlen sollen. Man stellt sie vor, geht auf ihre Wünsche ein, vermeidet es, zu streiten, bleibt bei den Gästen und lässt sie nicht alleine, bietet ihnen etwas zu trinken an.

- Wenn möglich, finden Sie heraus, welche gemeinsamen Interessen zwischen Ihrem Kind und dem Gast bestehen. Stellen Sie Dinge wie Papier, Malstifte, Brettspiele, Spielsachen, Bücher usw. zur Verfügung.

- Bringen Sie Ihrem Kind einige der Strategien zum fairen Spielen von Seite 25 bei, wie Abzählreime, Hölzchen ziehen, Münzen werfen, Auswürfeln, Zuhören, sich Abwechseln und gleiches Verteilen.

- Üben Sie mit Ihrem Kind, wie man sich entschuldigt und eine Entschuldigung annimmt, wenn sich Ihr Kind mit einem Freund oder einer Freundin zerstritten hat. Auf Seite 26 finden Sie mehr dazu. Heben Sie hervor, dass eine Entschuldigung ernst gemeint sein muss und nicht auf lustige oder trotzige Weise ausgesprochen wird.

• Sprechen Sie mit Ihrem Kind über Diversität: Menschen sind verschieden, das ist ganz normal und positiv. Man hat mit anderen viele Gemeinsamkeiten, aber muss auch die Unterschiede respektieren.

• Weisen Sie ihr Kind darauf hin, dass Freundschaften manchmal anstrengend, herausfordernd und frustrierend sein können, aber meistens angenehm, spannend und lustig sind.

• Lesen Sie zusammen viele verschiedene Bücher und Geschichten, auch solche, in denen es um schwierige Situationen und komplizierte Gefühle geht. Kinder lernen so, Empathie zu entwickeln.

• Kinder lernen von ihren Eltern. Seien Sie ein Vorbild und vermitteln Sie, wie wichtig Ihnen Ihre Freundschaften sind. Zeigen Sie, wie man sich als Freundin oder Freund höflich, nett und empathisch verhält.

Wie geht man mit Konflikten um?

Wenn Konflikte entstehen, sollte man Kindern zuerst die Gelegenheit geben, den Konflikt selbst zu lösen (Ausnahmen sind Mobbing oder Gewalt, dann muss sofort eingegriffen werden). Durch die Beilegung von Streitigkeiten kann eine Freundschaft gefestigt werden – aber bedenken Sie, dass sich die Gefühle von Kindern sehr schnell ändern können. Was gestern das Ende der Welt bedeutete, ist am nächsten Tag oft fast vergessen. Streit zwischen Kindern ist in diesem Alter normal und kommt häufig vor. Kinder streiten mehr mit ihren Freundinnen und Freunden als mit anderen Kindern. Nehmen Sie sich Zeit und hören Sie Ihrem Kind zu, wenn es über Probleme in Freundschaften spricht. Egal, wie belanglos sie Ihnen auch vorkommen, sie sind Ihrem Kind ein wichtiges Anliegen. Auch wenn die Freundschaften aus den ersten Lebensjahren unserer Kinder oft nicht lange währen, fühlen sich kleine Kinder ihren Freundinnen und Freunden sehr nahe und wir sollten alles tun, um diese Freundschaften aufrechtzuerhalten.

Des Weiteren können wir Kindern erklären, dass Freundschaften auf Gegenseitigkeit und Respekt beruhen sollten. Denn dann können sie erkennen, wenn ein Kind kein guter Freund oder keine gute Freundin ist. Eltern und Bezugspersonen können vorleben, wie man sich freundlich verhält, anderen vergibt und nicht nachtragend ist. Aber gemeines oder aggressives Verhalten muss nicht toleriert oder entschuldigt werden, denn es verletzt das Selbstvertrauen. Wichtig ist, dass Kinder Folgendes verstehen: Wenn es immer wieder Streit gibt und dieser nicht beigelegt werden kann, ist es an der Zeit, loszulassen und sich auf Neues einzulassen.

Imaginäre Freundinnen und Freunde

Eltern, Betreuerinnen und Erzieher machen sich manchmal Sorgen um ihre Kinder, wenn diese imaginäre Freundschaften haben. Studien haben jedoch gezeigt, dass es dafür keinen Grund gibt. Vor allem die Drei- bis Fünfjährigen haben oft solche Freundschaften, besonders Erstgeborene und Einzelkinder. Im Alter von 7 Jahren geben fast 40% aller Kinder an, eine imaginäre Freundschaft gehabt zu haben. Man hat in Studien herausgefunden, dass diese Kinder im Allgemeinen eine größere soziale Verantwortung zeigen, empathischer und kreativer sind und sich mehr auf den Charakter als auf das Aussehen von Menschen konzentrieren. Außerdem haben sie ein klareres Selbstbild.

Übersetzung aus dem Englischen: Andrea Reinacher • Redaktion der deutschen Ausgabe: Julia Hanauer
Satz der deutschen Ausgabe: Carolin Günther

6. Auflage 2025
Deutsche Niederlassung: Usborne Verlag GmbH, Prüfeninger Str. 20, 93049 Regensburg, Deutschland. Titel der Originalausgabe: All about Friends